ことばの香り

JUNIOR POEM SERIES

網野《あみの》　秋《あき》　詩集　　西川《にしかわ》　律子《りつこ》　絵

もくじ

第一章　大空のごちそう　7

第二章　朝のくすぐり合い　55

第一章　大空のごちそう

赤ちゃんと蝶《ちょう》

ねむっている
赤ちゃんの横顔に
白い蝶が止まったよ
バラ色のほっぺを
花びらと
まちがえたのかしら？
それとも
口元のミルクの香《かお》りを
蜜《みつ》の匂《にお》いと

かん違《ちが》いしたのかしら？

赤ちゃんの頬《ほお》に
かすかな笑《え》みが広がったよ
赤ちゃんの
夢《ゆめ》の中の花にも
美《うつく》しい蝶《ちょう》が
止まったのかも
しれないね

ビバ！　赤ちゃん

乳母車《うばぐるま》に乗《の》ってる
赤ちゃんに
ほほ笑《え》みかけた
（ぼくの口も頬《ほお》も
マスクでかくれてる）
それなのに赤ちゃんは
ほほ笑みかえして
くれたんだ

ぼくの目だけを見て
ぼくの気持ちをいっしゅんで
理解《りかい》してくれた
赤ちゃん
スゴイ！

赤ちゃん

赤ちゃんは目の前にあるものを
なんでもつかもうとする
グラスもお皿《さら》も
ソースびんもチリ紙さえも
信《しん》じきった顔をして
つかもうとする

そのたびに母親は
「だめ　だめ」と

赤ちゃんの腕《うで》を押《お》さえるけど
それでも赤ちゃんは
まわりのものを信じきって
手をのばす

そんな赤ちゃんに　神様が
大人《おとな》には見ることのできない
手をさしのべたのかしら？
ふいに赤ちゃんが
ニッコリ笑《わら》って空に手をのばし
何かをにぎる仕草《しぐさ》をした

天国

歩きはじめた赤ちゃんが
母の足下《あしもと》に歩みより
母に両手をさしのべる
天上の女神様に
あこがれるかのように

母はそんな我《わ》が子《こ》を
自分の胸《むね》に
召《め》し上《あ》げる

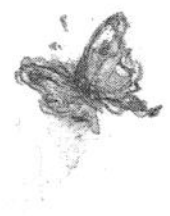

すると赤ちゃんは
天国の花畑で安《やす》らうかのように
花《はな》がらのブラウスに
頬《ほお》をよせて笑《わら》う

ヨチヨチ歩きの赤ちゃん

歩きはじめた赤ちゃんが
歩いたところには
花が咲《さ》くよう

赤ちゃんが床《ゆか》を歩くと
床がキラめいて
パンジーの花が咲くよう

庭を歩くと
冬でも春が訪《おとず》れて
菜《な》の花畑《はなばたけ》ができるよう

そうして
寝《ね》ころんでいる
お父さんの大きなお腹《なか》の上を
ヨチヨチ歩くと
お父さんのおヘソから
チューリップの花が
咲きだすよう

やさしさ

「お地蔵《じぞう》さまに髪《かみ》がはえてる」
五さいの娘《むすめ》がニッコリ

お地蔵《じぞう》さまの頭に
幾枚《いくまい》かの桜《さくら》の花びらがのって
髪のようだった

でも　ヒュッと風が吹《ふ》いたとたん
娘はガッカリ

「お地蔵さま　かわいそう
またハゲちゃった」

娘は草の上に落《お》ちている
桜の花びらを何《なん》まいかひろい
「髪をどうぞ」
と　お地蔵さまの頭にのせて
両手を合わせた

そんな娘の髪にも
桜の花びらがキラめいていた

おかしの家

妹のちっちゃな手を
ぼくのちょっと大きな手で包《つつ》み
買いもの帰りのぼくらは
雪がやんだ町を
歩いてゆく

向こうの方に　雪化粧《げしょう》した
ぼくらの家が見えたとき
妹がさけんだ
「白いケーキみたい！」
「おいしそうだね」

「おかしの家かも」
「ヘンゼルとグレーテルみたいに
まほう使いがいたりして」
「ううん　きっと
天使《てんし》がいるわよ」

でも　ほんとは誰《だれ》もいないんだ
母さんは死《し》んじゃった
父さんは夜まで帰ってこない……

けれど　妹と手をつなぎ
腕《うで》を元気にふりふり歩いていたら
白いぼくらの家が
おいしそうに見えだしたんだ

椅子《いす》

しょんぼりと
椅子にすわっている五さいの娘《むすめ》
私《わたし》はそんな娘の
人間椅子に
なってあげたくなった
ひざの上にのせたら
娘はすべてを任《まか》せるように
私の胸《むね》にからだをもたせかけた

娘のぬくもりが
しみこんだとき
私は自分が
世界一の椅子であるように
思えた

満月《まんげつ》

幼《おさな》い娘《むすめ》とからだを寄《よ》せあい
冬のお月見をした

満月のそばを雲がゆく
「お月さんがタバコの煙《けむり》を
吐《は》いてるね」
「お月さまはタバコなんて吸《す》わないわ
ほかの星が病気になっちゃうもん
お月さまはね　あったかい息を吐《は》いて

ちっちゃい星たちを
あったためてあげてるの」
娘の口からあふれ出る　白い息が
ぼくの心をあたためた
「お父さん　お父さん」
ニッコリ笑った娘の顔は
満月のようだった

お墓《はか》まいり

「おばあちゃんに
コロナを移《うつ》したらかわいそう」
5さいの娘《むすめ》がぼくの母の
お墓の前で　マスクをはめた
「ゆうちゃん　やさしいね」
ぼくも娘と同じように
マスクをはめた

娘はお墓にむかって
小さな手を合わせた
息をするたび
花《はな》がらのマスクが少しゆれ
花の香《かお》りをふくんだ　命《いのち》の香りが
匂《にお》いたつようだった

ぼくもお墓に向かって
手を合わせて祈《いの》った
「母さん　ゆう子をお守《まも》りください
どんな時でも　お守《まも》りください」

ジュースになった朝

「パパに朝をくんであげる」
六さいの娘《むすめ》が朝の光を両手《りょうて》にくんで
ぼくのコップに入れるしぐさをした

「いただきまーす」
一気《いっき》に飲《の》みほしたら
朝がぼくの心にも体にも
しみわたった

娘のほおも朝焼《あさや》け色
「りかちゃんのほっぺにも
朝がいっぱいつまってるね」
ぼくはコップを娘《むすめ》のほおの下によせ
乳《ちち》をしぼるようにほっぺをモミモミ

そうして
しぼりたての朝を一気飲《いっきの》みし
「うっまーい！」

「パパ　おかわりをどーぞ」
娘はほおをぼくによせた

青い鳥

野原で六さいの娘《むすめ》と
折《お》り紙《がみ》ごっこ
娘は青い鳥を作った
ぼくは拍手《はくしゅ》して
「青空から
降《お》りてきたみたいだ」

すると娘は青空をあおぎ
「お空を折《お》って

大きな　大きな
青い鳥を作って
お空より
もっと高い所へ
飛《と》ばしてみたいな！」

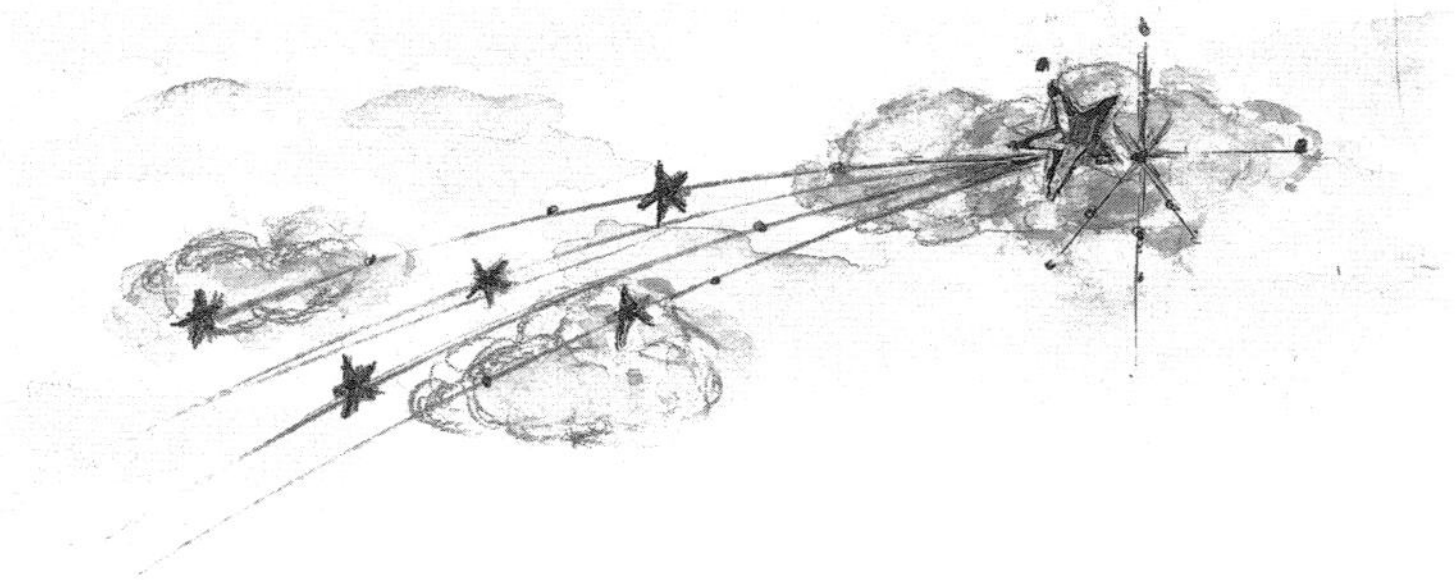

大空のごちそう

心まで青空になりそうな
さわやかな朝
ぼくの幼《おさな》い息子《むすこ》が
パンみたいな雲へ手をのばし
ちぎって口に入れる仕草《しぐさ》をした

「おっいしーい！」

「あっちにはジャムもあるよ」

ぼくら親子《おやこ》は雲をちぎり

朝焼《あさや》けにつけて
食べるまねをした

「星五《いつ》ツだな」
「パパ　それ　なんのこと？」
「とってもおいしい料理《りょうり》には
星五ツの成績《せいせき》をつけるのさ」
「じゃあ　青空の料理は
星五ツじゃなくて
お日さま五ツだね
おいしくて
心がピッカピカになるもん！」

息子《むすこ》へ

「あっ、ジェット機《き》だ！」
五さいになる息子が
指《ゆび》さして叫《さけ》ぶ

まっすぐに飛《と》んでゆく
ジェット機
まっすぐにのびる
息子の人さし指

息子はジェット機を追い
まっすぐに続《つづ》く道を走りだす

曲《ま》がりくねった道を
歩いてきた父は
祈《いの》らずにいられない
おまえがどこまでも
そうしてまっすぐに
進んでゆくことを

弟の落書《らくが》き

お風呂場《ふろば》で
五さいになる弟が
あたしの背中《せなか》に
シャボンをいっぱいつけて
指《ゆび》でなにか書きだした

「なにかしら？」
と思ったら
「ば　か」
って書いたのがわかった

あたしがほっぺをふくらましてふりむくと

すぐに弟は
お湯をかけて
シャボンを流した

そして　また
背中にシャボンをつけて
指でモジョモジョ書きだした
「こんどは何かな？」
と　思ったら
「す　き」
って書いてくれた
背中のシャボンが
ずっと流れなければいいなあと
思った

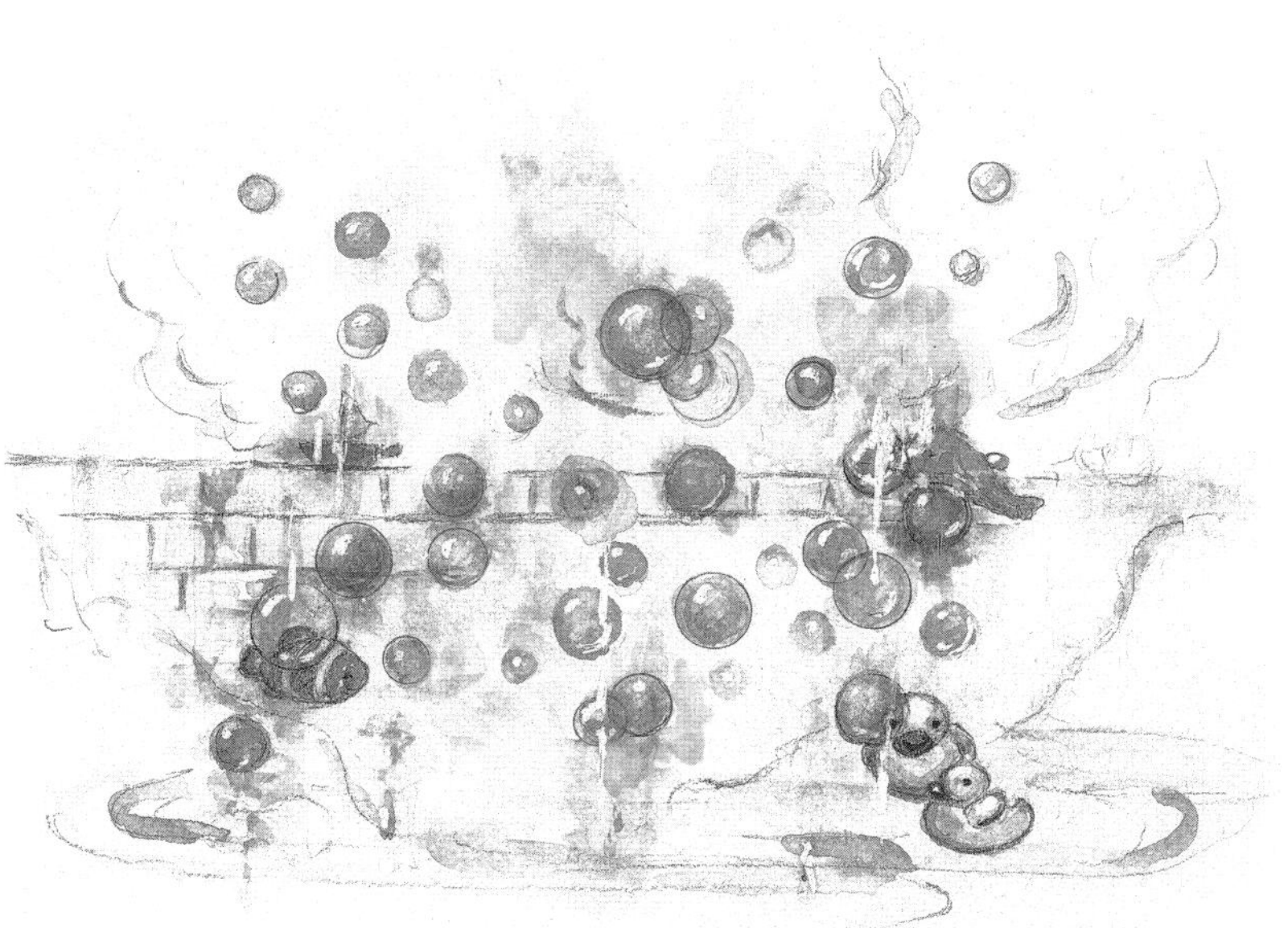

デッカイ親父《おやじ》

ぼくは五十さいなのに
今でもときどき心の中で
親父とすもうをとる

親父は八十三さいのとき
ぼくよりずっと小さく
しぼんでしまい
亡《な》くなった……

けれど心の中に現《あら》われる親父は
いつも四十さい
ぼくよりデッカクてたくましい
小さい子ども姿《すがた》のぼくは

「ソレッ！」と親父に体当たり
親父は軽くうけとめ投《な》げ飛《と》ばす
「クッソオ」
ぼくは起きあがってまた体当たり
親父は「ガッハッハッ」
と笑《わら》って投げ飛ばす

くやしいけれど
デッカイ親父がたのもしくて
ますます親父に勝ちたくなる
そしてもう一度体当たり！……

疲《つか》れたときや悲しいとき
ぼくは心の中でデッカイ親父と
すもうをとる
すると力がモリモリ
わき上がってくる

あったかい柿《かき》

田舎《いなか》の母が
贈《おく》ってくれた柿を一つ
テーブルに置《お》いたら
寒いへやが
あったまった

ぼくは小さな焚火《たきび》に
手をかざすように
柿に手を寄《よ》せた

目を閉《と》じたら瞼《まぶた》のうらに
柿のような色をした
夕焼《ゆうや》けが浮《う》かび出た
夕焼けをバックに
母と子どものころのぼくが
柿もぎしている姿《すがた》が
浮かびでた

若《わか》がえったおじいちゃん

いなかから遊びにきた
おじいちゃんに
「これ　あたしが作ったの」って
おみそしるをだしてあげた

おじいちゃんが目を細めて
お椀《わん》のふたを取ったとたん
『うらしま太郎《たろう》』の
玉手《たまて》ばこのように
白いゆげがふき上がり
おじいちゃんの顔をおおった

けれど　ゆげが引いたとき
おじいちゃんの顔は
太郎とはぎゃくに
十さい以上《いじょう》も若がえったように
晴《は》れ晴《ば》れとしていた

おじいちゃんは
おみそしるを
ひと口すすり
「アッハッハッハッ」
と　竜宮城《りゅうぐうじょう》の太郎のように
わらった

学《がく》歴《れき》

その時　お父さんは
読んでいた新聞紙で
なにげなく　顔を隠《かく》したのでした
大学出のお母さんと
大学出の叔父《おじ》さんが
自分の大学の　自慢話《じまんばなし》を始めた時

高校しか出ていないお父さん
二人《ふたり》が大学の話をしている間
新聞を読むふりをして
顔をかくしつづけていた　お父さん

(一ページもめくらずに
ただ　じいっとしていたのです)

普段《ふだん》は人のいい笑《わら》いを
絶《た》やさないお父さんだけど
その時は
新聞紙のむこうがわで
どんな顔をしていたのかしら……

学歴……
それは人と人との間に
なんて悲しい垣根《かきね》を
築《きず》いてしまうのでしょう

じいちゃんの頭

じいちゃんの頭は
お地蔵《じぞう》さまのようにツルンツルン
陽《ひ》があたれば
ほっかほっか湯気《ゆげ》が
立ちのぼりそう

悲しい気分のとき
そんな頭が頼《たの》もしく見え
じいちゃんに頼んで
頭の上に　手を置《お》かせてもらった

「あったかーい！」
私《わたし》が叫《さけ》ぶと
じいちゃんは目を細めて言った
「じいちゃんの頭の中にはな
悲しみを癒《いや》す
温泉《おんせん》が湧《わ》いてるのさ」
「だからじいちゃん
八十過《す》ぎでも若《わか》いのね」

するとじいちゃんは
私の頭をなでながら言った
「おまえの頭の中にも
きっと温泉はある
早くそれを掘《ほ》りあてな」

祖母《そぼ》の瞳《ひとみ》

おばあちゃんは
おでこも　ほっぺも　口のまわりも
皺《しわ》　皺　皺だらけ

けれど　瞳だけは
ツルンとしてる

「瞳だけは年を取らないんだなあ」
そんなことを思って感心していたら
ぼくの視線《しせん》と
おばあちゃんの視線が
パチリとぶつかった

すると　おばあちゃんの瞳が
少女みたいにキラめいた

最後《さいご》の言《こと》の葉《は》

「また来《こ》」
それは百さいで亡《な》くなった祖母《そぼ》が
ぼくに贈《おく》ってくれた　最後のことば
山梨弁《やまなしべん》のあったかいあの響《ひび》き
枯《か》れ葉《は》の葉ずれの音のような
なつかしいあの響きを
ぼくは決《けっ》して忘《わす》れないだろう

「また来」
祖母の口からあふれ出た　あの言の葉
散《ち》りゆく紅葉《もみじ》のように　美しい言の葉

地に落ちた葉は　土の中に吸《す》いこまれ
美しい葉を生みだすための
養分《ようぶん》になるという

「また来」
祖母の最期の言の葉も
ぼくの心に吸いこまれ
優《やさ》しい気持ちを生みだすための
養分《ようぶん》になった

毎年お盆《ぼん》シーズンが終わる日
ぼくは送《おく》り火から立ちのぼる煙《けむり》とともに
視線《しせん》を星空へ上げてつぶやく
「おばあちゃん　また来」

老《お》いし母の名画鑑賞《かんしょう》

もはや立つことさえできなくなり
寝《ね》たきりとなった
老いし母の楽しみは
ベッドからの空鑑賞

四角い窓《まど》に映《うつ》る空が
名画に見えるという
特《とく》に　日本晴れの空に
手を合わせると

青いカンバスに描《えが》かれた
すてきな人物画《じんぶつが》が現《あらわ》れるという
「おじいちゃん　おばあちゃん
お父さん　弟たちの笑顔《えがお》の絵が
現れるんだよ」

今朝も四角い窓に
日本晴れの空がキラめいている
母は手を合わせて
青空を見つめた
穏《おだ》やかそのものの顔が
仏《ほとけ》さまの顔のように見えた

第二章　朝のくすぐり合い

朝のくすぐり合い

湖畔《こはん》の朝
朝陽《あさひ》は湖面《こめん》をくすぐり
「クスッ」と笑《わら》わせ
そよ風は木《こ》の葉《は》をくすぐり
「クスッ」と笑わせ
細波《さざなみ》は　湖《みずうみ》にひたしている
ぼくの指《ゆび》をくすぐり
「クスッ」と笑わせた

ぼくも指を丸め
湖をくすぐった
そうしたら湖面に浮《う》いてる
姉さんの顔も
「クスッ」とした

平和な朝には
自然《しぜん》も人もくすぐり合い
「クスッ」と
笑ってしまう

透明《とうめい》のハンカチ

晴れた朝の秋風は
透明のハンカチ

目ににじむ涙《なみだ》も
心ににじむ涙さえも
そっとぬぐってくれる

涙のかわいた目と心で
風の吹《ふ》きよせる方を
見つめると
はるか彼方《かなた》に
ハンカチをおくってくださる
やさしい方《かた》のお姿《すがた》が
かすかに見えるような
気がしてくる

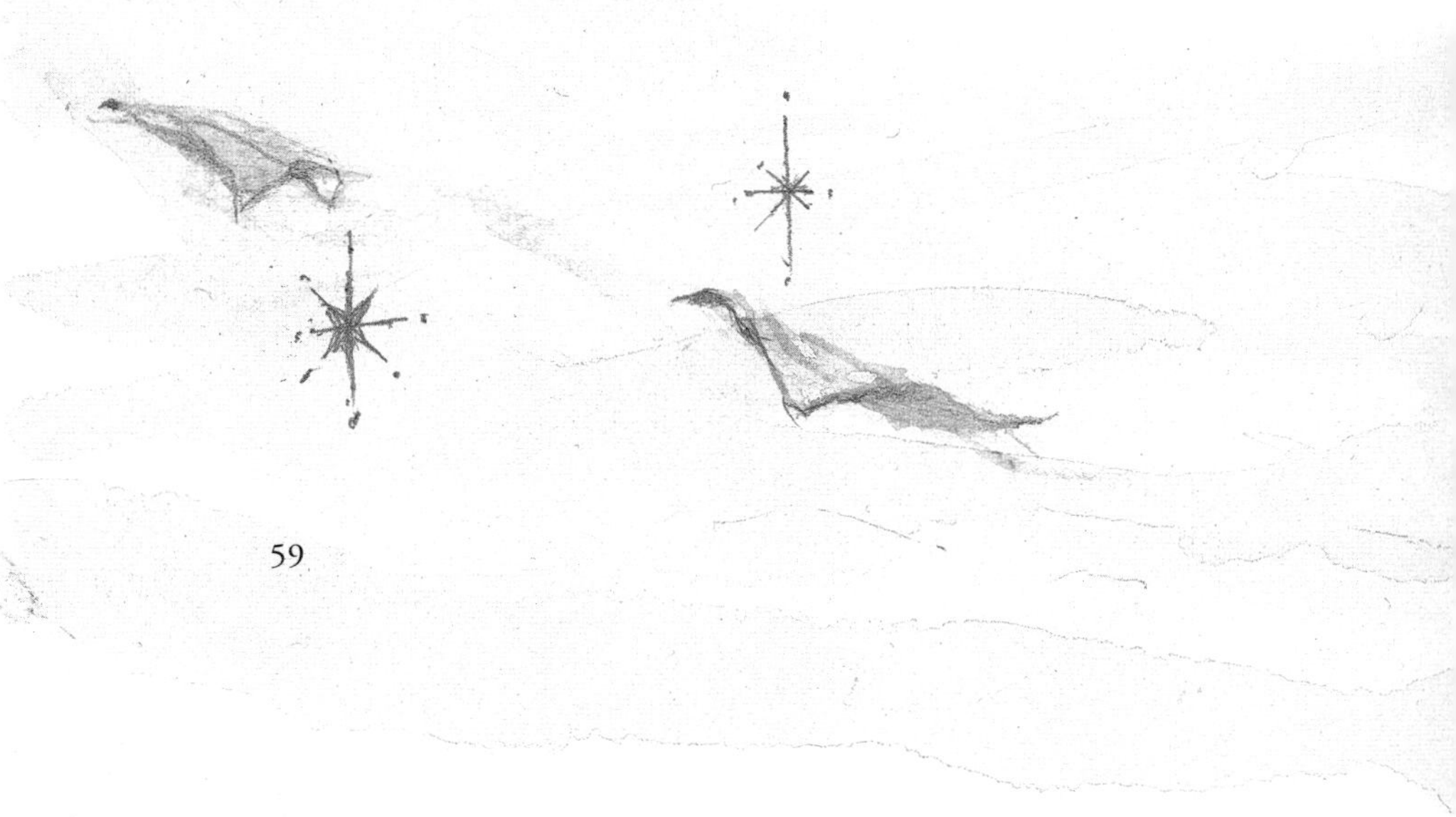

地球のキス

歩きはじめた幼《おさな》い坊《ぼう》やが
一歩一歩すすむたび
チュッ　チュッと
足音からキスの音
きっと地球がキスして
あげてるのでしょう

あっ　坊やがころんだ
「うわ～～ん」

でも　立ち上がって
再《ふたた》び歩きだしたとき
チュッ　チュッと
地球が足裏《あしうら》に
ごほうびのキス

リンゴの引力

ニュートンに言わせれば
リンゴは引力によって
地面に引《ひ》き寄《よ》せられるのだそうだ

けれど　リンゴの樹《き》の下で
赤リンゴを見上げていると
ぼくがリンゴの方へ
引き上げられるような
気がしてくる

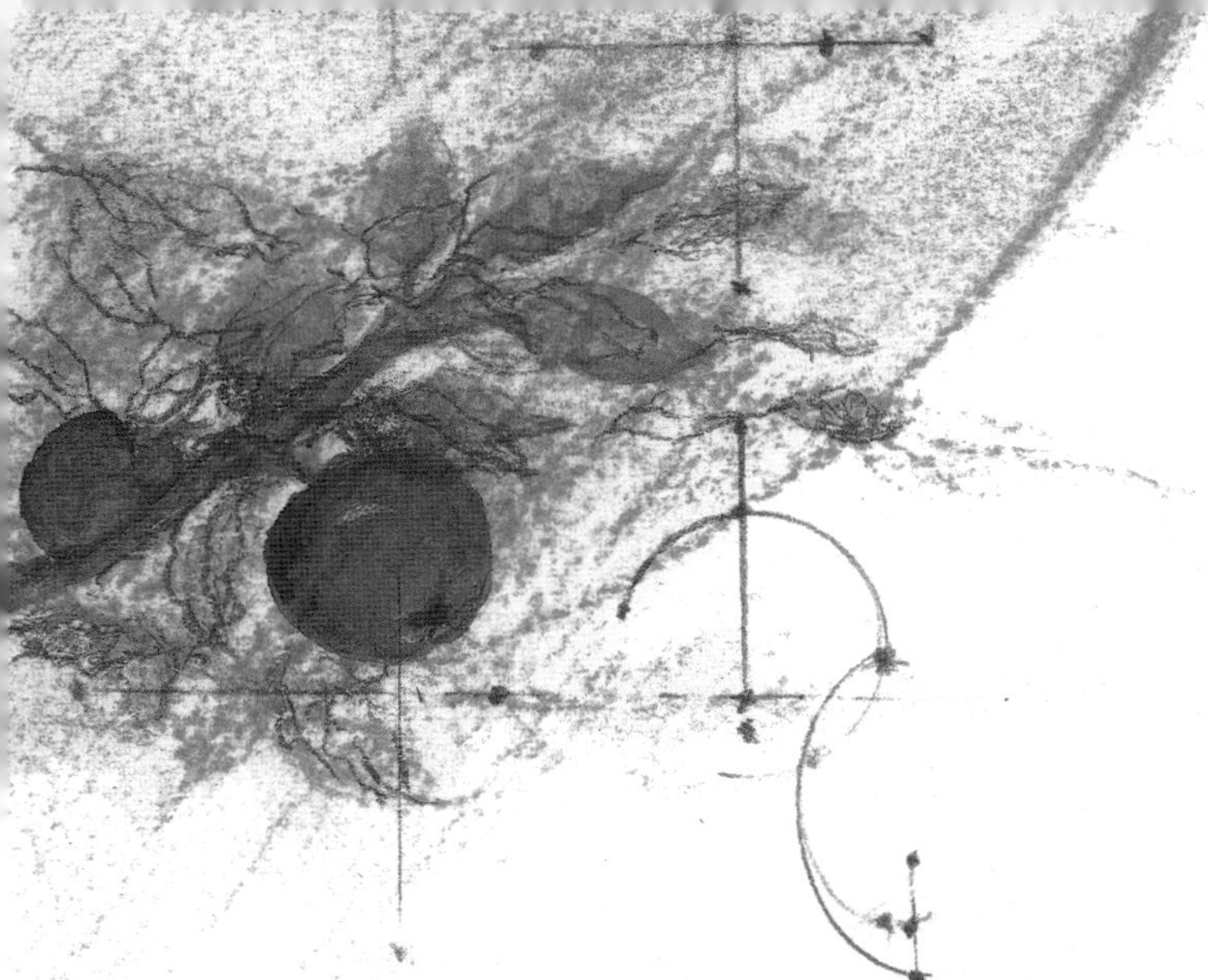

リンゴの美の力によって
夢《ゆめ》の国へ
引き上げられるような気がしてくる

ぼくはリンゴに向かって
手を差《さ》しのべる
するとリンゴは
「おいで」とほほ笑《え》む
ぼくの心は
ふわりと浮《う》き上《あ》がる

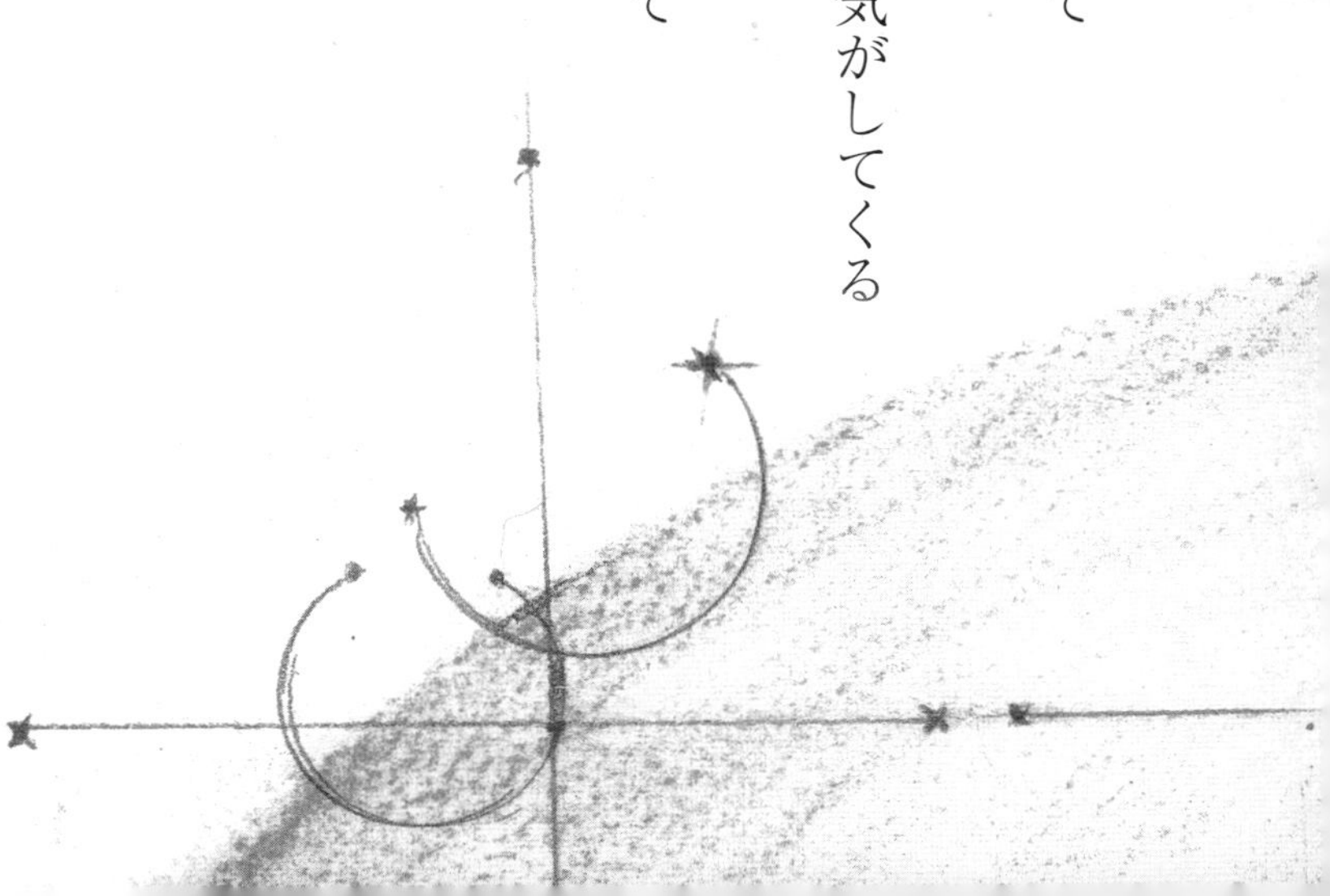

金色の竪琴《ハープ》

雨あがり　雲間から
地上へ光が差《さ》しこみだす
一条《ひとすじ》　二条《ふたすじ》　三条《みすじ》　四条《よすじ》……
それらは天がプレゼントしてくれた
金色の竪琴の弦《げん》のよう

雲がゆれるのに合わせ
光もゆれる
まるで　目には見えない

大きな女神《めがみ》さまが
金色の弦を　爪弾《つまび》いているよう

耳を澄《す》ましてごらん
安《やす》らぎの音色《ねいろ》が世界へ
広がってゆくよ

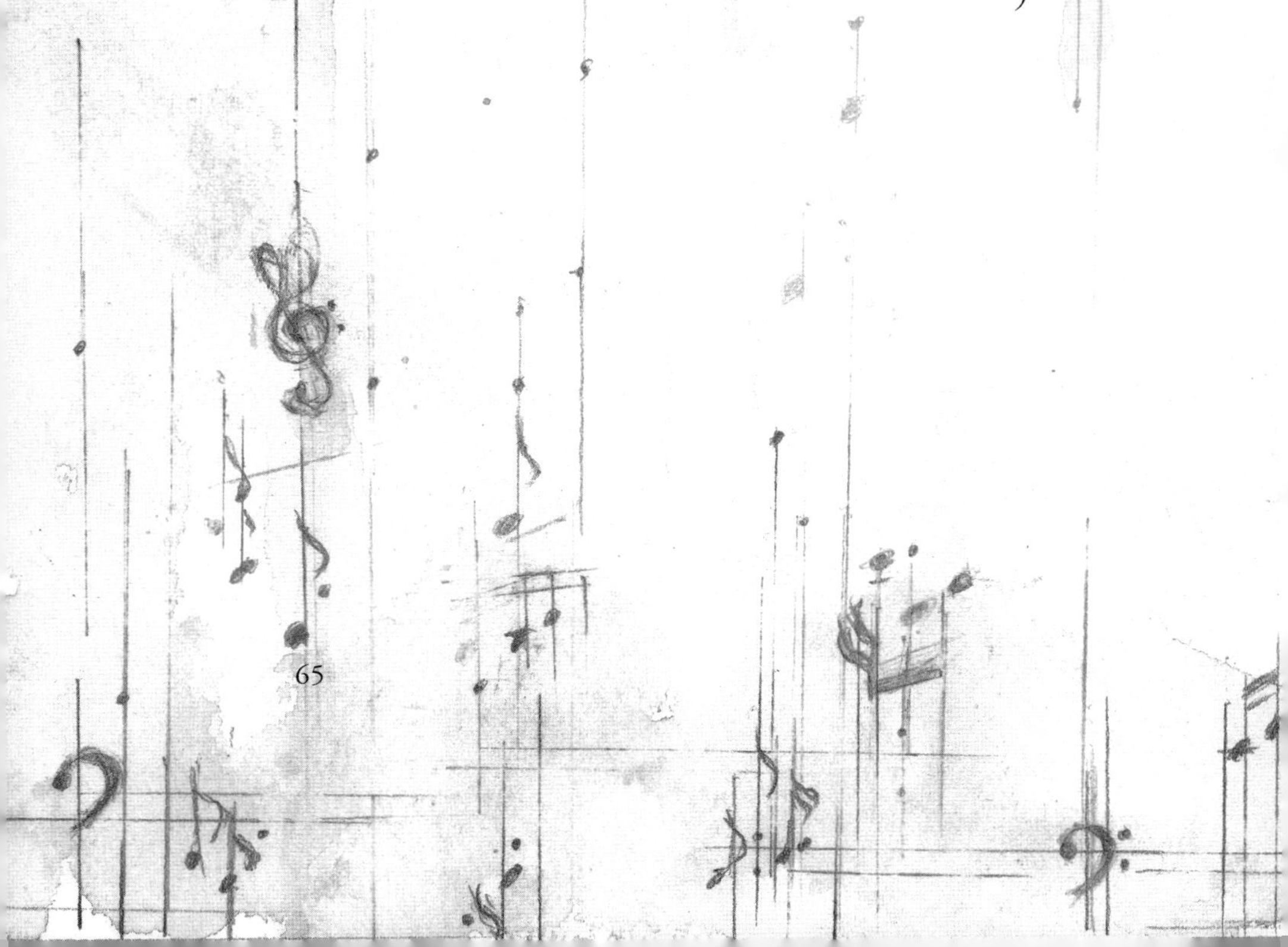

無限《むげん》の空

空は無限に
広がっているそうだ
と　いうことは
ぼくのすぐそばまで
広がってきている
ということだ

日本晴れの朝
思いっきり息を吸《す》うと
胸《むね》にもお腹《なか》にも心にも
青空がはいりこむ
胸もお腹も心も
青空の光で
ピッカピカになる

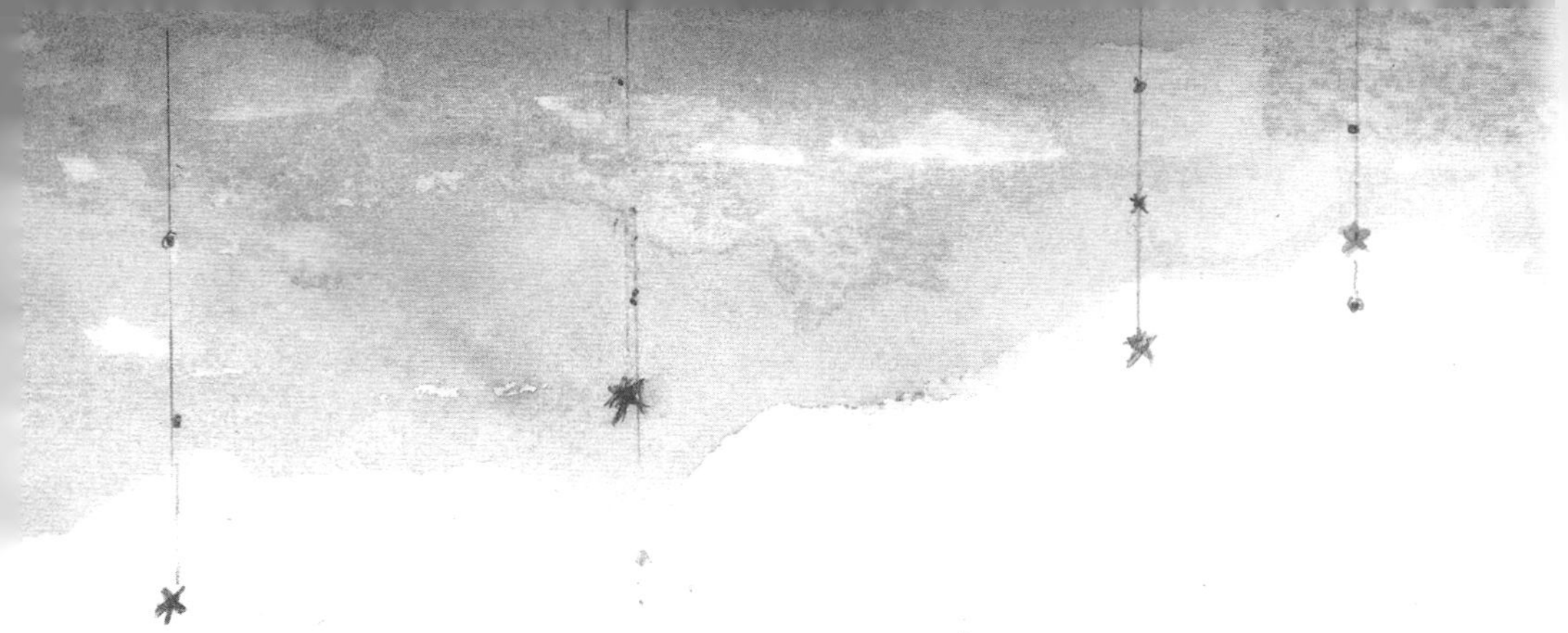

希《き》望《ぼう》の星

「一、二、三、四、五」
母親のそばで
幼《おさな》い姉弟《してい》が立ちどまり
星を数えだした

「都会の空の星って
数えられるのか」
ぼくも夜空をあおいだ
なるほど

数えるほどしか星はない……
「数えるほどしか希望のない
都会の空か……」

だが　姉弟は
わずかな星を指《ゆび》さし
元気いっぱいに数えている
歌うように声をはずませて
ぼくは姉弟を見つめて思った
「ぼくの目の前で
希望の星が輝《かがや》いている！」

雲

イガグリ頭の雲と
おかっぱ頭の雲が
青空のまん中で
正面《しょうめん》しょうとつ！

ケンカするかな？
と　思ったら
二人《ふたり》はピッタリ身をよせ合って
一《ひと》つのデッカイ雲になった

そうして　ゆうゆうと
大空を泳ぎはじめたよ
雲って
なかなおりの名人だね！

幻《まぼろし》の自分

十五さいのころ感動《かんどう》した
アクション映画《えいが》を
三十年ぶりに観《み》た
「懐《なつ》かしい！」
と思ったとき　画面に
十五さいの私《わたし》が幻のごとく現《あらわ》れ
戦《たたか》いだしたのだ！

あのころの私は本気で
自分自身を物語の中に

移《うつ》しこむことができた
幻の十五さいの私は
主役の表情《ひょうじょう》・仕草《しぐさ》を
まねしつつ　戦い　苦悩《くのう》し
恋《こい》をしている

あのころ　私はよく回りから
バカ呼《よ》ばわりされたけれど
三十年ぶりに見る
十五さいの私の
バカ過《す》ぎる純粋《じゅんすい》さは
涙《なみだ》の出るほど感動的《てき》だった

2

２って
白鳥が泳《およ》いでいる姿《すがた》みたい
無理《むり》に１位《い》になろうとせず
静《しず》かに進んでいるよう

２って
体の土台が漢字の一
土台が一番だいじなことを
知ってるみたい

２って
頭が丸い
頭から角《つの》をださず
丸く生きることのコツを
踏《ふ》まえているよう

２って１番
かしこいのかも
しれないね

冬の蚊《か》

冬の蚊《か》をつぶすことは
できない
どうしてもできない

よろけても　よろけても
前へ進もうとする
悲壮《ひそう》な姿《すがた》
傷《きず》ついた翅《はね》を動かし
のめっても　のめっても

飛《と》ぼうとする
懸命《けんめい》な姿
傷《きず》だらけになっても
戦《たたか》おうとする
冬の戦士《せんし》の姿

たとえ小さな命《いのち》で
あったとしても
この命を
つぶすことなんて
ぼくにはできない

ひまわり色のゴムボール

「ちきしょう！」
と　地面に叩《たた》きつけられても
楽しそうに響《ひび》いて跳《は》ね上《あ》がる
ひまわり色のゴムボール

「こんちきしょう！」
と　力強く叩きつけられれば
叩きつけられるほど
ますます元気に響いて

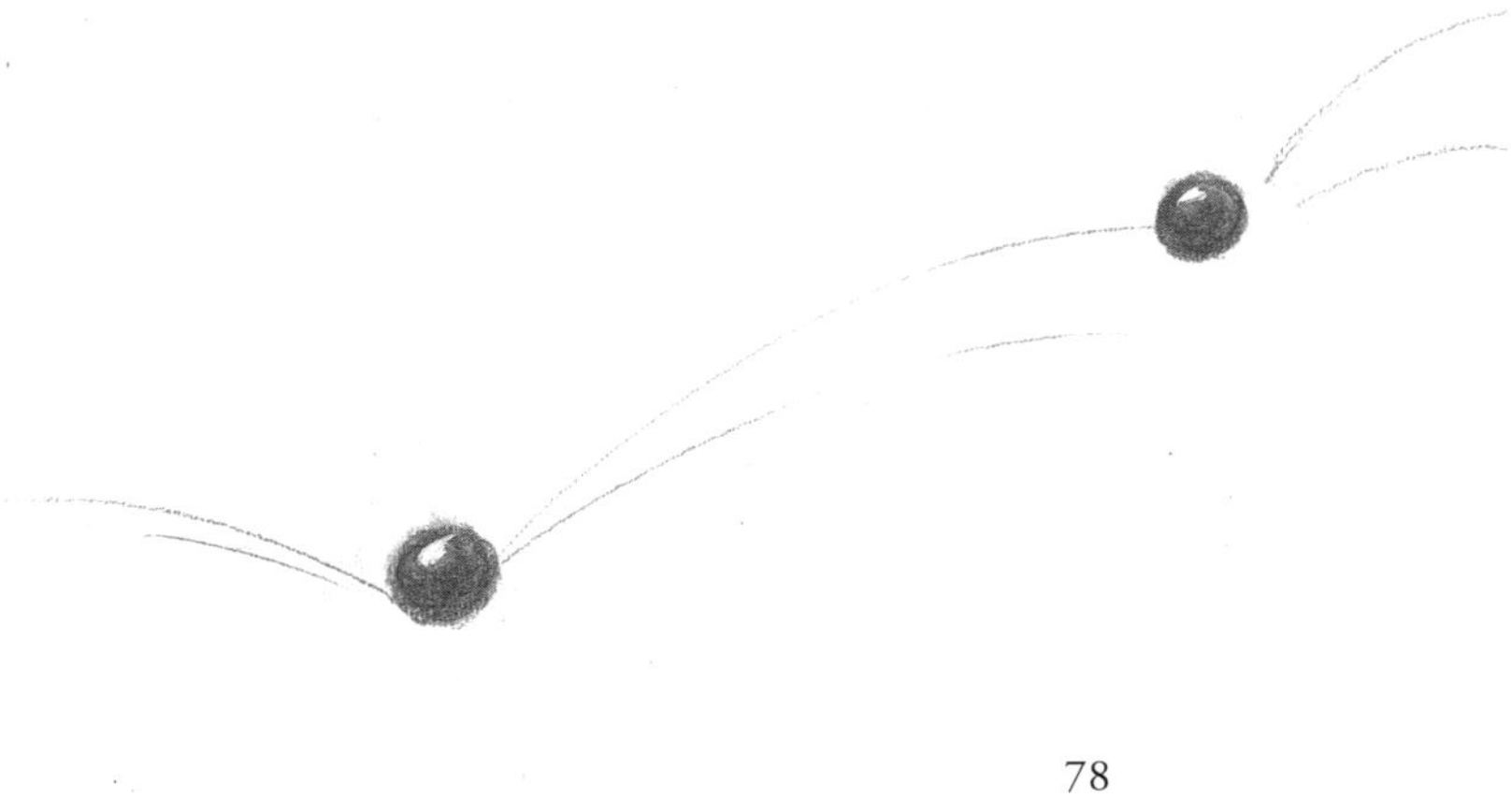

もっと　もっと　高く
跳ね上がる
ひまわり色のゴムボール

そんなゴムボールが
青空目掛《めが》けて跳ね上がるのを
仰《あお》ぎ見《み》たら
「こんちきしょう！」の気持ちが
フッ飛《と》んで
笑《わら》いがこみ上げたよ

救《すく》いのユーモア

負《ま》けたあと
目から力がぬけ
口から力がぬけ
胸《むね》からもおへソからも
力がぬけた
と思ったとたん
お尻《しり》から「プーッ」と
元気な音がした

「体の後《うし》ろには
まだ力が残《のこ》ってるんだなぁ」
と　にが笑《わら》いしてお尻をたたいたら
また「プッ」と音がした

そしたら口からも
「プッ」と笑いがふき出た

「あっ　体の前にも
力が出てきたぞ！」

大スター

サッカーの試合《しあい》のとき
ぼくが一番好《す》きな選手《せんしゅ》は
サッカーボールだ
強く蹴《け》っ飛《と》ばされたって
虹《にじ》のように　大きな弧《こ》を描《えが》いて
飛んでゆく

頭でどっつかれたって
ロケットみたいに
ゴールめがけて飛んでゆく

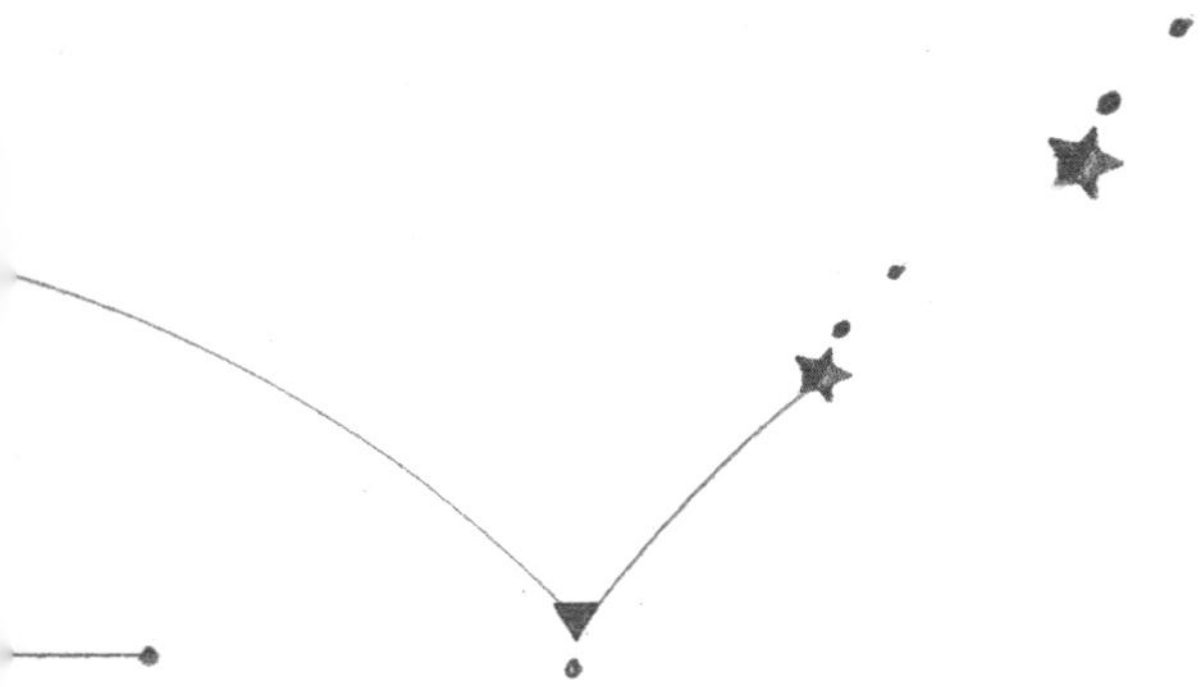

蹴《け》られても　どっつかれても
はねて　飛んで
飛んで　はね回る

サッカーボールは
サッカー場で一番の
大スター！

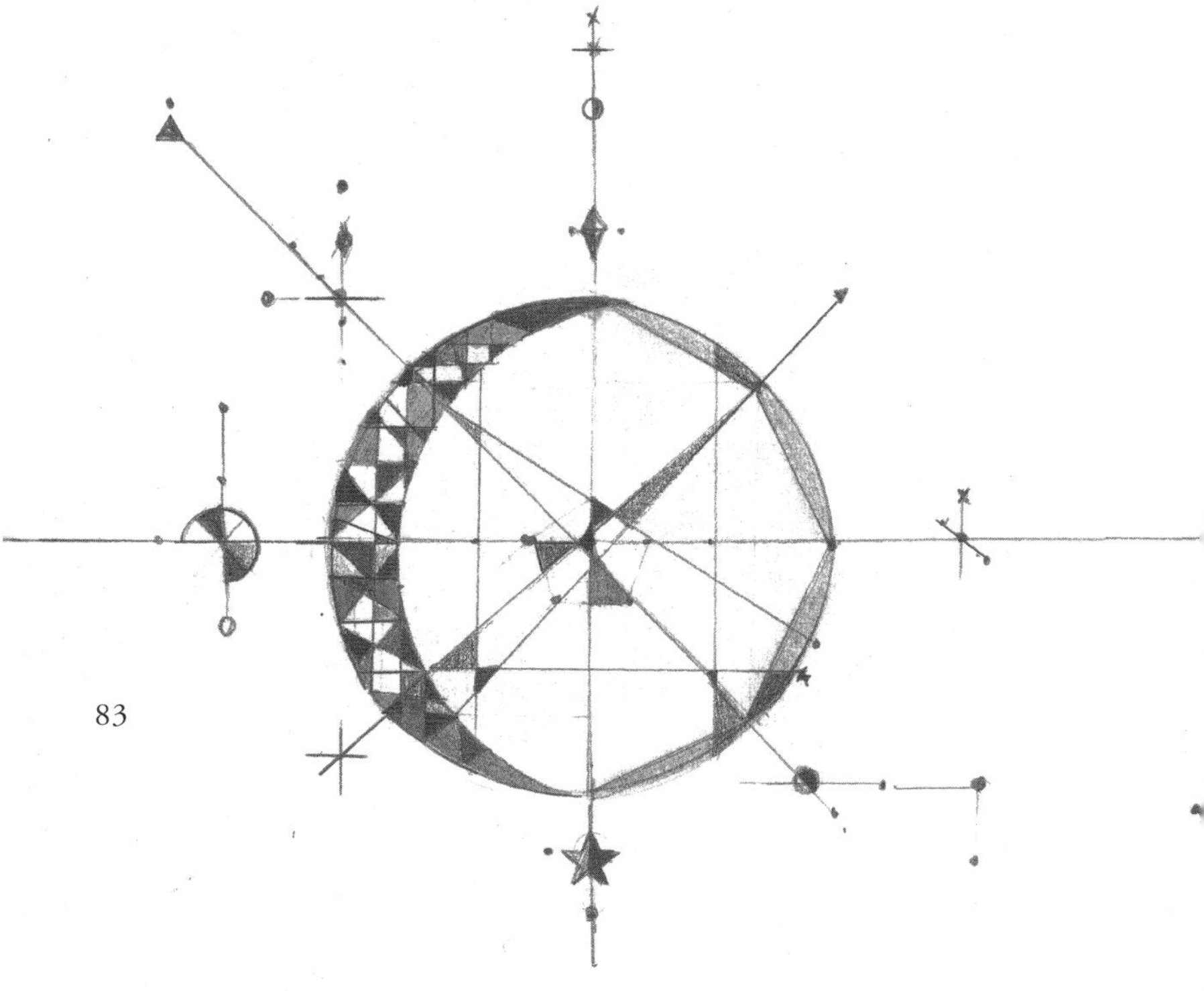

ゴリゴリ

「死《し》んだって泣《な》くもんか」
そう思って歯《は》を食いしばった時
ポロリと前歯《まえば》が抜《ぬ》けた
先生に叱《しか》られて
廊下《ろうか》に立たされたときのことだ

血《ち》の滲《にじ》んだ乳歯《にゅうし》を
手《て》の平《ひら》に載《の》せて見つめていたら
口の中にも
しょっぱい血の味《あじ》が広がり
ますます目頭《めがしら》が熱《あつ》くなった

けれど
歯の抜けたところには新しい歯が
生《は》えだしていた
舌《した》をあてたら
ゴリゴリという舌触《ざわ》りがした

「これからはメソメソじゃなくて
ゴリゴリだ
ゴリゴリで行くぞ!」

ぼくは新しい歯に
しっかり舌をあててそう誓《ちか》った

杖《つえ》

足の不自由《ふじゆう》な母と
八さいの娘《むすめ》が
手をつないで歩いてる
娘は母を守るように
ゆっくりと進む
母にとってそんな娘は
世界一の杖
娘も母の杖の役目を
果《は》たすのが　うれしそう

一歩うしろから
見守るぼくにとっても
この二人の家族は
心を支《ささ》えてくれる
かけがえのない杖

母娘語《おやこ》

ぼんやり宙《ちゅう》を見つめる
15さいくらいの少女

一生けんめいの目で
その少女を見つめる母

そういう二人が並《なら》んで
電車の席《せき》にすわっている
娘《むすめ》は「ウ～」「ガ～」「ア～」と
少しよだれをたらしながら
母に言う
それは母にだけは意味のわかる

「娘語」らしい
母はニッコリして
娘の耳元で何かを答える
娘にだけはわかる「母語」で

二人は笑《え》みをうかべ手をつなぐ
握《にぎ》り合った二人の手は
花の莟《つぼみ》のよう
その莟には
「愛《あい》」「やさしさ」「美しさ」
そうした日本語より
もっとステキな
「母娘語」の香《かお》りが
つまっているよう

花のつぼみ

「ダメだ　こんな詩」
原稿《げんこう》用紙を握《にぎ》りつぶし
机《つくえ》の上に投げたら
ぼくの心も
グシャッとつぶれた

でもつぶれた原稿用紙が
少しずつ　少しずつ
開きだしたのだ

一生懸命《いっしょうけんめい》開こうとする
花の蕾《つぼみ》のように……
見つめているうち
つぶれてるぼくの心も
開きだした

あとがき

還暦《かんれき》にして初めて個人詩集を上梓《じょうし》させていただく運びとなりました。20歳《はたち》にして詩の素晴《すば》らしさに目覚《めざ》めてから40年間、よく続いたものです。ひとえに詩が好きだからでしょうね。辛《つら》いときも悲しいときも、詩を想いさえすれば、暗くなりかけた心に灯《あか》りがともったものです。無論、詩作は厳《きび》しいものですから、詩的興奮《こうふん》に酔《よ》い痴《し》れて作ったとて、一人よがりの駄作《ださく》にしかなりません。おかげで私《わたし》の詩は何度〝没《ぼつ》〟の憂《う》き目を見たことか。その度にガッカリしましたが、少し経《た》つとまた詩を書きたくなってくるのです。やっぱり詩が好きなんですね(下手《へた》の横好き、と笑《わら》わば笑ってくだされ)。……

さて、今回の詩集の校正刷りを読み直して感じたことは、30歳《さい》の頃の詩と60歳に近い頃の詩とで、優しさやナイーブさが殆《ほとん》ど変わっていないということです(一寸《ちょっと》自画自賛になってしまったこと、平《ひら》にご容赦《ようしゃ》)。心は60歳になってもそう年を取っていないようです。ちなみに筋力の方も毎日コツコツ筋トレを続けたおかげで衰《おとろ》えておりません。この勢いで百二十歳まで生き（半分本気）、詩を愛し続け、今わの際《きわ》にも詩的で美しい情景を夢見ることが出来たら幸せだなあ、などと思っている今日この頃です。

最後に、本詩集の刊行にあたり、物心両面でサポートして下さった銀の鈴社の皆様《みなさま》と、素敵《すてき》な挿《さ》し絵を描いて下さった西川先生、そしてご教示くださった多くの方々に、感謝、感謝、感謝、感謝！

二〇二四年八月吉日

網野　秋

〈初出掲載の誌紙〉産経新聞／北日本新聞／文芸広場／子どものための少年詩集／北海道新聞／千葉日報／茨城新聞／児童文芸／山梨日々新聞／静岡新聞／板橋区民詩集／詩と思想／日本児童文学

〈受賞作一覧〉　頁

1.「赤ちゃんと蝶」	産経新聞「朝の詩」月間賞（1995.8）	8p
2.「お墓まいり」	北日本文芸年間最優秀賞（2023年度）	26p
3.「デッカイ親父」	日本児童文学投稿作品賞佳作賞（2015年）	38p
4.「学歴」	文芸広場平成6年度年間最優秀賞	44p
5.「最後の言の葉」	2018年板橋区民詩集板橋区長賞	50p
6.「幻の自分」	千葉日報詩壇最優秀賞（2008年度）	72p
7.「杖」	産経新聞「朝の詩」月間賞（2020.2）	86p
8.「花のつぼみ」	産経新聞「朝の詩」年間最優秀賞（2016年度）	90p

詩　網野　秋（あみの・あき）

1963年東京生まれ。本名、網野久靖（あみの・ひさやす）。

放送大学卒。新聞、雑誌等に詩・童話・小説が多数入選。主な受賞歴は「産経新聞〈朝の詩〉年間最優秀賞」「北日本文芸年間最優秀賞」「千葉日報詩壇最優秀賞」「なにわ人形芝居脚本賞優秀賞」「上毛文学賞〈小説〉佳作」「信濃毎日新聞親子のときめき童話年間賞」等。また、年刊アンソロジー『子どものための少年詩集』（銀の鈴社刊）に毎年詩が掲載されている。職業は校正者。

（一社）日本児童文芸家協会、日本校正者クラブ各会員。

絵　西川律子（にしかわ・りつこ）

札幌在住、公募展、グループ展、作品展に出展
チャールストン美術館付属ギブスアートスクール（Gibbes Art School in Charleston）、サウスカロライナ州チャールストン大学ファインアート（Department of Fine Art, College of Charleston）などで油彩、パステル、ドローイングを学ぶ。
札幌、銀座、神田、鎌倉、岡山等で絵本原画などの巡回展を開催。
主な作品に絵本『もうひとつの赤ずきんちゃん』、『もうひとつのかぐや姫』、『クリスマスの夜に』、ジュニアポエム・火星雅範詩集『ささぶねうかべたよ』『ささぶねにのったよ』（ともに銀の鈴社刊）、日本児童文芸家協会2018年度機関誌の表紙担当・他
（一社）日本児童文芸家協会会員

NDC911
神奈川　銀の鈴社　2024
96頁　21cm（ことばの香り）

ジュニアポエムシリーズ　315　　2024年9月30日初版発行
本体1,600円＋税

ことばの香り

著　　者　網野　秋©　西川律子・絵
発 行 者　西野大介
編集発行　㈱銀の鈴社　TEL 0467-61-1930　FAX 0467-61-1931
〒248-0017 神奈川県鎌倉市佐助1-18-21万葉野の花庵
https://www.ginsuzu.com
E-mail info@ginsuzu.com

ISBN978－4－86618－166－0 C8092　　印刷　電算印刷
落丁・乱丁本はお取り替え致します　　製本　渋谷文泉閣

…ジュニアポエムシリーズ…

No.	詩・絵	書名	受賞・選定
1	鈴木敏史・詩集 宮下琢郎・絵	星の美しい村	★☆
2	小池知子・詩集 高志孝子・絵	おにわいっぱいぼくのなまえ	★☆
3	鶴岡千代子・詩集 武田淑子・絵	白い虹	児文芸新人賞
4	楠木しげお・詩集 久保雅勇・絵	カワウソの帽子	
5	津坂治男・詩集 垣内美穂・絵	大きくなったら	★◇
6	後藤れい子・詩集 山本まつ子・絵	あくたれぼうずのかぞえうた	
7	北村蔦子・詩集 柿本幸造・絵	あかちんらくがき	
8	吉田瑞穂・詩集 吉田翠・絵	しおまねきと少年	★⟐◎
9	新川和江・詩集 葉祥明・絵	野のまつり	★☆
10	阪田寛夫・詩集 織茂恭子・絵	夕方のにおい	★○◈☆
11	高田敏子・詩集 若山憲・絵	枯れ葉と星	★☆
12	原田直友・詩集 吉田翠・絵	スイッチョの歌	★◎
13	小林純一・詩集 久保雅勇・絵	茂作じいさん	★♪◉☆◎
14	長谷川俊太郎・詩集 新太・絵	地球へのピクニック	★◎◇
15	与田準一・詩集 深沢省三・深沢紅子・絵	ゆめみることば	★
16	岸田衿子・詩集 中谷千代子・絵	だれもいそがない村	
17	江間章子・詩集 榊原直美・絵	水と風	◇◎
18	原田直友・詩集 小野まり・絵	虹—村の風景—	★
19	福田正夫・詩集 福田達夫・絵	星の輝く海	★☆
20	草野心平・詩集 長野ヒデ子・絵	げんげと蛙	★☆○◇
21	宮田滋子・詩集 青木まさる・絵	手紙のおうち	☆○
22	久保田昭三・詩集 斎藤彬子・絵	のはらでさきたい	
23	鶴岡千代子・詩集 加倉井和夫・武田淑子・絵	白いクジャク	★♪
24	尾上尚子・詩集 まど・みちお・絵	そらいろのビー玉	★☆ 児文協新人賞
25	水上紅・詩集 深沢紅子・絵	私のすばる	☆
26	野呂昶・詩集 福島一二三・絵	おとのかだん	★
27	こやま峰子・詩集 武田淑子・絵	さんかくじょうぎ	☆
28	青戸かいち・詩集 駒宮録郎・絵	ぞうの子だって	
29	まきたかし・詩集 福田達夫・絵	いつか君の花咲くとき	★☆♡
30	薩摩忠・詩集 駒宮録郎・絵	まっかな秋	★☆♡
31	新川和江・詩集 福島一二三・絵	ヤァ！ヤナギの木	★☆○♡
32	井上靖・詩集 駒宮録郎・絵	シリア沙漠の少年	★☆♡
33	古村徹三・詩・絵	笑いの神さま	
34	江上波夫・詩集 青空風太郎・絵	ミスター人類	○☆
35	秋原秀夫・詩集 鈴木義治・絵	風の記憶	★◎
36	水村三千夫・詩集 武田淑子・絵	鳩を飛ばす	
37	久冨純江・詩集 渡辺安芸夫・絵	風車 クッキングポエム	
38	日野生三・詩集 吉野晃希男・絵	雲のスフィンクス	★
39	佐藤雅子・詩集 佐藤太清・広瀬きよみ・絵	五月の風	★
40	小黒恵子・詩集 武田淑子・絵	モンキーパズル	★
41	木村信子・詩集 山本典子・絵	でていった	
42	中野栄子・詩集 吉田翠・絵	風のうた	☆
43	宮田滋子・詩集 牧村慶子・絵	絵をかく夕日	★
44	大久保テイ子・詩集 渡辺安芸夫・絵	はたけの詩	★☆
45	秋原秀夫・詩集 赤星亮衛・絵	ちいさなともだち	♥

☆日本図書館協会選定（2015年度で終了）　♪日本童謡賞　♧岡山県選定図書　◇岩手県選定図書
★全国学校図書館協議会選定（SLA）　♡日本子どもの本研究会選定　◆京都府選定図書
□少年詩賞　■茨城県すいせん図書　♥秋田県選定図書　⟐芸術選奨文部大臣賞
○厚生省中央児童福祉審議会すいせん図書　♣愛媛県教育会すいせん図書　◉赤い鳥文学賞　◈赤い靴賞

…ジュニアポエムシリーズ…

✼サトウハチロー賞
◌三木露風賞
♤福井県すいせん図書
▲神奈川県児童福祉審議会推薦優良図書
♠奈良県教育研究会すいせん図書
❖北海道選定図書
◈静岡県すいせん図書
◎学校図書館図書整備協会選定図書（SLBA）
✣毎日童謡賞
✿三越左千夫少年詩賞

…ジュニアポエムシリーズ…

- 91 新井 和・詩集 高田 三郎・絵 おばあちゃんの手紙 ☆★
- 92 はなわたえこ詩集 えばとかつこ・絵 みずたまりのへんじ ★♪
- 93 柏木恵美子詩集 武田 淑子・絵 花のなかの先生 ☆
- 94 中原千津子詩集 寺内 直美・絵 鳩への手紙 ★
- 95 髙瀬美代子詩集 小倉 玲子・絵 仲なおり ★
- 96 杉本深由起詩集 若山 憲・絵 トマトのきぶん ☆★◎ 児文芸新人賞
- 97 宍倉さとし詩集 守下さおり・絵 海は青いとはかぎらない ♧
- 98 石井 英行詩集 有賀 忍・絵 おじいちゃんの友だち ■
- 99 なかのひろ詩集 アサト・シェラ・絵 とうさんのラブレター ☆★
- 100 小松 静江詩集 藤川 秀之・絵 古自転車のバットマン
- 101 石原 一輝詩集 加藤 真夢・絵 空になりたい ☆❈★
- 102 小泉 周二詩集 西 真里子・絵 誕生日の朝 ☆■★
- 103 くすのきしげのり童謡 わたなべあきお・絵 いちにのさんかんび ☆★
- 104 成本 和子詩集 小倉 玲子・絵 生まれておいで ☆★❈♡♧
- 105 伊藤 政弘詩集 小倉 玲子・絵 心のかたちをした化石 ★
- 106 川崎 洋子詩集 井戸 妙子・絵 ハンカチの木 □★☆
- 107 柘植 愛子詩集 油野 誠一・絵 はずかしがりやのコジュケイ ❈
- 108 新谷智恵子詩集 葉 祥明・絵 風をください ☆◈☼♪♡✣
- 109 金親 尚子詩集 牧 進・絵 あたたかな大地 ☆
- 110 黒柳 啓子詩集 吉田 翠・絵 父ちゃんの足音 ☆★♡□
- 111 富田 栄子詩集 油野 誠一・絵 にんじん笛 ♡☆
- 112 原 国子詩集 高畠 純・絵 ゆうべのうちに ☆△
- 113 宇部 京子詩集 スズキコージ・絵 よいお天気の日に ○□♪☆◇★
- 114 武鹿 悦子詩集 牧野 鈴子・絵 お花見 ☆□
- 115 山本なおこ詩集 梅田 俊作・絵 さりさりと雪の降る日 ☆★
- 116 小林比呂古詩集 おおた慶文・絵 ねこのみち ☆
- 117 後藤れい子詩集 渡辺あきお・絵 どろんこアイスクリーム ☆
- 118 重清 良吉詩集 高田 三郎・絵 草の上 ☆□֍◆★
- 119 宮中 雲子詩集 西 真里子・絵 どんな音がするでしょか ✲★
- 120 前山 敬子詩集 若山 憲・絵 のんびりくらげ ☆★
- 121 川端 律子詩集 若山 憲・絵 地球の星の上で ♡
- 122 たかはしけいこ詩集 織茂 恭子・絵 とうちゃん ♡֍♣★
- 123 宮田 滋子詩集 深澤 邦朗・絵 星の家族 ☆♪
- 124 国沢たまき詩集 唐沢 静・絵 新しい空がある
- 125 池田あきつ詩集 小倉 玲子・絵 かえるの国 ★
- 126 黒田 恵子詩集 倉島千賀子・絵 ボクのすきなおばあちゃん ☆★♡
- 127 垣内 磯子詩集 宮崎 照代・絵 よなかのしまうまバス ☆♡★
- 128 小泉 周二詩集 佐藤 平八・絵 太陽へ ֍★♪☆♡
- 129 中島 和子詩集 秋里 信子・絵 青い地球としゃぼんだま ☆★
- 130 のろさかん詩集 福島一二三・絵 天のたて琴 ☆
- 131 加藤 丈夫詩集 葉 祥明・絵 ただ今受信中 ☆★
- 132 北原 悠子詩集 深沢 紅子・絵 あなたがいるから ♡
- 133 池田もと子詩集 小倉 玲子・絵 おんぷになって ♡
- 134 鈴木 初江詩集 吉田 翠・絵 はねだしの百合 ★
- 135 垣内 磯子詩集 今井 俊・絵 かなしいときには ★

△長野県教育委員会すいせん図書　✡㈶日本動物愛護協会推薦図書
◈茨城県推奨図書　●児童ペン賞

…ジュニアポエムシリーズ…

136 秋葉てる代詩集 やなせたかし・絵 おかしのすきな魔法使い ♪★
137 青戸かいち詩集 永田萠・絵 小さなさようなら ❁★
138 柏木恵美子詩集 高田三郎・絵 雨のシロホン ♡★
139 藤井則行詩集 阿見みどり・絵 春だから ♡★◎
140 黒田勲子詩集 山中冬児・絵 いのちのみちを
141 南郷芳明詩集 的場豊子・絵 花時計
142 やなせたかし詩・絵 生きているってふしぎだな
143 内田麟太郎詩集 斎藤隆夫・絵 うみがわらっている
144 しまざきふみ詩集 島崎奈緒・絵 こねこのゆめ ♡
145 糸永えつこ詩集 武井武雄・絵 ふしぎの部屋から ♡
146 石坂きみこ詩集 鈴木英二・絵 風の中へ ♡
147 坂本のこ詩集 坂本こう・絵 ぼくの居場所 ♡
148 島村木綿子詩・絵 森のたまご ❁
149 楠木しげお詩集 わたせせいぞう・絵 まみちゃんのネコ ★
150 牛尾良子詩集 上矢津・絵 おかあさんの気持ち ♡

151 三越左千夫詩集 阿見みどり・絵 せかいでいちばん大きなかがみ ★
152 水村三千夫詩集 高見八重子・絵 月と子ねずみ
153 川越文子詩集 横松桃子・絵 ぼくの一歩ふしぎだね ★
154 すずきゆかり詩集 葉祥明・絵 まっすぐ空へ
155 西田純詩集 葉祥明・絵 木の声水の声
156 清野倭文子詩集 水科舞・絵 ちいさな秘密《ひみつ》
157 川奈静詩集 直江みちる・絵 浜ひるがおはパラボラアンテナ ★◎
158 若木良水詩集 西真里子・絵 光と風の中で
159 牧陽子詩集 渡辺あきお・絵 ねこの詩 ★◎
160 宮田滋子詩集 阿見みどり・絵 愛一輪 ★◎
161 井上灯美子詩集 唐沢静・絵 ことばのくさり ☆♪
162 滝波万理子詩集 滝波裕子・絵 みんな王《おう》様《さま》 ★♪
163 冨岡みち詩集 関口コオ・絵 かぞえられへんせんぞさん ★
164 垣内磯子詩集 辻恵子・切り絵 緑色のライオン ★◎
165 すぎもとれいこ詩集 平井辰夫・絵 ちょっといいことあったとき ★

166 岡田喜代子詩集 おぐらひろかず・絵 千年の音 ★☆◎
167 川奈静詩集 直江みちる・絵 ひもの屋さんの空 ★◎☆♥♡
168 鶴岡千代子詩集 武田淑子・絵 白い花火 ★☆
169 井上灯美子詩集 唐沢静・絵 ちいさい空をノックノック ★◎☆
170 尾崎杏子詩集 ひなた山すじゅう郎・絵 海辺のほいくえん ☆♡★◎
171 柘植愛子詩集 やなせたかし・絵 たんぽぽ線路 ☆♡★◎♪
172 小林比呂古詩集 うめざわのりお・絵 横須賀スケッチ ☆★◎♡▲
173 林佐知子詩集 串田敦子・絵 きょうという日 ☆★◎♡▲
174 後藤基宗子詩集 岡澤由紀子・絵 風とあくしゅ ☆♥★◎♡
175 土屋律子詩集 高瀬のぶえ・絵 るすばんカレー ☆♡★◎▲
176 三輪アイ子詩集 深沢邦朗・絵 かたぐるましてよ ★☆♡
177 田辺瑞美子詩集 西真里子・絵 地球賛歌 ☆★◎
178 高瀬美代子詩集 小倉玲子・絵 オカリナを吹く少女 ☆♡
179 中野惠子詩集 串田敦子・絵 コロポックルでておいで ★♡☆♪
180 松井節子詩集 阿見みどり・絵 風が遊びにきている ★☆♡▲

…ジュニアポエムシリーズ…

181 新谷智恵子詩集 徳田徳志芸・絵 とびたいペンギン 佐世保文学賞 ♡★◎ ▲
182 牛尾良子詩集 牛尾征治・写真 庭のおしゃべり ♡★◎
183 三枝ますみ詩集 高見八重子・絵 サバンナの子守歌 ☆★
184 佐藤雅子詩集 佐藤太清 菊池治子・絵 空の牧《まき》場《ば》 ☆★♡ ■◎◈
185 山内弘子詩集 おぐらひろかず・絵 思い出のポケット ♡★♪
186 山内弘子詩集 阿見みどり・絵 花の旅人 ♡★▲
187 原国子詩集 牧野鈴子・絵 小鳥のしらせ ♡★△ ◎
188 人見敬子詩・絵 方《はこ》舟《ぶね》地球号 ―いのちは元気― ♡★◎
189 林佐知子詩集 串田敦子・絵 天にまっすぐ ★☆♡ ◎
190 小臣富子詩集 渡辺あきお・絵 わんさかわんさかどうぶつさん ✡♡★ ◎
191 川越文子詩集 かまだちえみ・写真 もうすぐだからね ♡★◎
192 永田喜久男詩集 武田淑子・絵 はんぶんごっこ ☆★◎ ♡
193 吉田房子詩集 大和田明代・絵 大地はすごい ★◎♡ ▲
194 石井春香詩集 高見八重子・絵 人魚の祈り ★♡
195 石原一輝詩集 小倉玲子・絵 雲のひるね ♡

196 たかはしけいこ詩集 高橋敏彦・絵 そのあと ひとは ★
197 宮田滋子詩集 おおた慶文・絵 風がふく日のお星さま ★♡◎
198 渡辺恵美子詩集 つるみゆき・絵 空をひとりじめ ★♡♪
199 宮中雲子詩集 西真里子・絵 手と手のうた ★
200 杉本深由起詩集 太田大八・絵 漢字のかんじ ★♡❀
201 井上灯美子詩集 唐沢静・絵 心の窓が目だったら ★♡
202 峰松晶子詩集 おおた慶文・絵 きばなコスモスの道 ★♡
203 高橋文子詩集 山中桃子・絵 八丈太鼓 ★♡
204 長野貴子詩集 武田淑子・絵 星座の散歩 ★♡
205 江口正子詩集 高見八重子・絵 水の勇気 ♡☆★
206 藤本美智子詩・絵 緑のふんすい ☆♡★
207 林佐知子詩集 串田敦子・絵 春はどどど ♡★◎
208 小関秀夫詩集 阿見みどり・絵 風のほとり ☆♡★ ▲
209 宗美津子詩集 宗信寛・絵 きたのもりのシマフクロウ ♡★
210 かわてせいぞう詩集 高橋敏彦・絵 流れのある風景 ☆♡★

211 土屋律子詩集 高瀬のぶえ・絵 ただいまぁ ★♡☆ ◎▲
212 永田喜久男詩集 武田淑子・絵 かえっておいで ☆♡★
213 みたみちこ詩集 牧進・絵 いのちの色 ♡★
214 糸永えつこ詩集 糸永わかこ・絵 母です 息子です おかまいなく ♡☆★
215 宮田滋子詩集 武田淑子・絵 さくらが走る ♡☆★ ♪
216 柏木恵美子詩集 吉野晃希男・絵 ひとりぼっちの子クジラ ♡★◎
217 江口正子詩集 高見八重子・絵 小さな勇気 ♡☆★
218 井上灯美子詩集 唐沢静・絵 いろのエンゼル ★♡
219 中島あやこ詩集 日向山寿十郎・絵 駅伝競走 ★☆♡
220 高橋孝治詩集 高見八重子・絵 空の道 心の道 ★♡
221 江口正子詩集 日向山寿十郎・絵 勇気の子 ♡☆★
222 宮田滋子詩集 牧野鈴子・絵 白鳥よ ☆★
223 井上良子詩集 銅版画 太陽の指環 ★
224 川越文子詩集 山中桃子・絵 魔法のことば ♡☆★
225 西本みさこ詩集 上司かのん・絵 いつもいっしょ ☆♡

…ジュニアポエムシリーズ…

226 おばらいちこ詩集 髙見八重子・絵 ぞうのジャンボ ☆★♡
227 吉田房子詩集 本田あまね・絵 まわしてみたい石臼 ★♡
228 吉田房子詩集 阿見みどり・絵 花 詩 集 ★♡◎
229 田中たみ子詩集 唐沢静・絵 へこたれんよ ★◎
230 林佐知子詩集 串田敦子・絵 この空につながる ★♡
231 藤本美智子 詩・絵 心のふうせん ★♡
232 火星雅範詩集 西川律子・絵 ささぶねうかべたよ ★♡▲
233 吉田房子詩集 岸田歌子・絵 ゆりかごのうた ★♡
234 むらかみみちこ詩集 むらかみあくる・絵 風のゆうびんやさん ★♡
235 白谷玲花詩集 阿見みどり・絵 柳川白秋めぐりの詩 ★♡
236 ほさかとしこ詩集 内山つとむ・絵 神さまと小鳥 ★☆♡
237 内田麟太郎詩集 長野ヒデ子・絵 まぜごはん ☆★◎♡▲
238 小林比呂古詩集 出口雄大・絵 きりりと一直線 ♡★
239 牛尾良子詩集 おぐらひろかず・絵 うしの土鈴とうさぎの土鈴 ★◎♡
240 山本純子詩集 ルイコ・絵 ふ ふ ふ ★♡☆◎

241 神田亮 詩・絵 天使の翼 ★☆♡
242 かんざわみえ詩集 阿見みどり・絵 子供の心大人の心さ迷いながら ☆★◎▲
243 永田喜久男詩集 内山つとむ・絵 つながっていく ★☆♡
244 浜野木碧 詩・絵 海原散歩 ☆★◎♡
245 やまうち・しゅうへい詩集 山本省三・絵 風のおくりもの ☆★◎♡
246 すぎもとれいこ 詩・絵 てんきになあれ ★◎
247 冨岡みち詩集 加藤真夢・絵 地球は家族 ひとつだよ ♡☆◎★
248 北野千賀詩集 滝波裕子・絵 花束のように ♡☆★◎
249 石原一輝詩集 加藤真夢・絵 ぼくらのうた ♡★◎
250 土屋律子詩集 高瀬のぶえ・絵 まほうのくつ ♡☆★◎▲
251 津坂治男詩集 井上良子・絵 白い太陽 ☆♡★◎
252 石井英行詩集 よしだちなつ・表紙絵 野原くん ☆★♡◎▲
253 井上灯美子詩集 唐沢静・絵 たからもの ☆♡★
254 大竹典子詩集 加藤真夢・絵 おたんじょう ☆★
255 たかはしけいこ詩集 織茂恭子・絵 流れ星 ★♡

256 谷川俊太郎詩集 下田昌克・絵 そして ♡★◎
257 なんば・みちこ詩集 布下満・絵 トックントックン 大空で大地で ★◎
258 宮本美智子詩集 阿見みどり・絵 夢の中に そっと ★◎♡
259 成本和子詩集 阿見みどり・絵 天使の梯子 ★◎
260 海野文音詩集 牧野鈴子・絵 ナンドデモ ★♡
261 熊谷本郷詩集 永田萠・絵 かあさん かあさん ★♡
262 大楠翠詩集 吉野晃希男・絵 おにいちゃんの紙飛行機 ★♡♪
263 久保恵子詩集 たかせちなつ・絵 わたしの心は 風に舞う ★♡
264 みずかみさやか詩集 葉祥明・絵 五月の空のように ★♡
265 尾崎昭代詩集 中辻アヤ子・絵 たんぽぽの日 ★
266 はやしゆみ詩集 渡辺あきお・絵 わたしはきっと小鳥 ★
267 田沢節子詩集 永田萠・絵 わき水ぷっくん △★♡
268 柘植愛子詩集 そねはらまさえ・絵 赤いながぐつ ★♡
269 馬場与志子詩集 日向山寿十郎・絵 ジャンケンポンでかくれんぼ ♡★
270 内田麟太郎詩集 高畠純・絵 たぬきのたまご ★●♡

…ジュニアポエムシリーズ…

271 むらかみみちこ詩・絵 家族のアルバム ★♡
272 井上和子詩集 吉田瑠美・絵 風のあかちゃん ★♡
273 佐藤一志詩集 日向山寿十郎・絵 自然の不思議 ♡★
274 小沢千恵詩・絵 やわらかな地球 ♡★
275 あべこうぞう詩集 大谷さなえ・絵 生きているしるし ♡★
276 宮田滋子詩集 田中槇子・絵 チューリップのこもりうた ★♡
277 林佐知子詩集 葉祥明・絵 空の日 ★♡
278 いしがいようこ詩・絵 ゆれる悲しみ ★♡
279 村瀬保子詩集 武田淑子・絵 すきとおる朝 ♡★
280 あわのゆりこ詩集 高畠純・絵 まねっこ ★♡
281 川越文子詩集 福田岩緒・絵 赤い車 ★♡
282 白石はるみ詩集 かないゆみこ・絵 エリーゼのために ★♡
283 尾崎杏子詩集 日向山寿十郎・絵 ぼくの北極星 ♡★
284 壱岐梢詩集 葉祥明・絵 ここに ★
285 野口正路詩集 山手正彦・絵 光って生きている ★◎

286 樋口てい子詩集 串田敦子・絵 ハネをもったコトバ ★◎
287 火星雅範詩集 西川律子・絵 ささぶねにのったよ
288 大楠翠詩集 吉野晃希男・絵 はてなとびっくり ★◎✤
289 大澤清詩集 阿見みどり・絵 組曲 いかに生きるか ★
290 たかはしけいこ詩集 織茂恭子・絵 いっしょ ★♡◎
291 内田麟太郎詩集 大野八生・絵 なまこのぽんぽん ★◎○
292 はやしゆみ詩集 はなてる・絵 こころの小鳥 ♡★◎
293 いしがいようこ詩・絵 あ・そ・ぼ! ★♡◎
294 帆草とうか詩・絵 空をしかくく切りとって ★♡
295 土屋律子詩集 吉野晃希男・絵 コピーロボット ★◎♡
296 川上佐貴子詩集 はなてる・絵 アジアのかけ橋 ♡★◎
297 西沢杏子詩集 東逸子・絵 さくら貝とプリズム ♡★◎
298 鈴木初江詩集 小倉玲子・絵 めぐりめぐる水のうた ★◎
299 白谷玲花詩集 牧野鈴子・絵 母さんのシャボン玉 ◎★
300 ゆふあきら詩集 ゆふくみこ・絵 やまぐちかおる・絵 すずめのバスケ ♡★◎

301 半田信和詩集 吉野晃希男・絵 ギンモクセイの枝先に ★◎
302 弓削田健介詩集 葉祥明・絵 優《やさ》しい詩《うた》のお守《まも》りを ★♡
303 内田麟太郎詩集 井上コトリ・絵 たんぽぽぽぽぽ ★◎♡
304 宮本美智子詩集 阿見みどり・絵 水色の風の街 ★◎♡
305 星野良一詩集 ながしまよいち・絵 星の声、星の子へ ◎♡★✤
306 うたかいずみ詩集 しんやゆう子・絵 あしたの木 ♪♡★◎
307 藤本美智子詩・絵 木の気分 ♡★◎
308 大迫弘和詩集 葉祥明・絵 ルリビタキ ★◎
309 林佐知子詩集 高見八重子・絵 いのちの音 ★
310 森木林詩集 葉祥明・絵 あたたかな風になる ★♡
311 内田麟太郎詩集 かみやしん・絵 たちつてと ★♡
312 星野良一詩集 ながしまよいち・絵 スターライト ★◎♡
313 雨森政恵詩集 おむらまりこ・絵 いのちの時間 ★◎
314 神内八重詩集 田辺玲・絵 あたま なでてもろてん
315 網野秋詩集 西川律子・絵 ことばの香り

ジュニアポエムシリーズは、子どもにもわかる言葉で真実の世界をうたう個人詩集のシリーズです。

本シリーズからは、毎回多くの作品が教科書等の掲載詩に選ばれており、1974年以来、全国の小・中学校の図書館や公共図書館等で、長く、広く、読み継がれています。

心を育むポエムの世界。

一人でも多くの子どもや大人に豊かなポエムの世界が届くよう、ジュニアポエムシリーズはこれからも小さな灯をともし続けて参ります。

316 イイジマヨシオ詩集 木のなかの時間
317 藤本美智子 詩・絵 わたしの描いた詩
318 帆草とうか 詩・絵 その日、少女は 少年は I
319 帆草とうか 詩・絵 その日、少女は 少年は II

＊刊行の順番はシリーズ番号と異なる場合があります。